KB220504

생명의서

지혜를 전수하며 영원을 준비하는 **특별 자서전 쓰기**

생명의 서 시리즈 제 1권

예상치 못한 초대

BOOK OF LIFE:

Your Special Autobiography
to Deliver Wisdom & Prepare for Eternity

샬롬 김 지음

2024
VMK

고난의 인생을 지나치며 가 아닌

고귀한 인생을 완성하시면서

지혜를 전수하고

영원을 준비하는

매우 특별한 책에

저자로 초대받으신

_____________________________ 께

__________________________ 드립니다

____________ 년___ 월___ 일___ 요일

감사와 헌정

이 책이 출판되기까지
비전과 영감, 지혜와 여건으로 동행해 주신 주님께
기도와 기대, 지도와 지원을 아끼지 않은 동역자들께
새롭게 다가와 새 역사를 함께 만들어갈 동반자들께

남아 있는 삶과 남아 있을 자녀, 다가 오는 죽음과 그 이후의 삶, 어떻게 준비하고 계십니까?

성경의 가르침을 아는 우리는 불의한 청지기가 지혜로 행하여 칭찬받았던 것처럼 천국에 있는 행위록에 기록되어 있을 불의를 미리 살피며 삶을 돌아보아야 할 것입니다. 그러므로 생명록에 기록된 이름이 의미 있게 해야 할 것입니다. 또한 모든 지혜를 자녀들에게 최대한 전수해 주어야 할 것입니다.

그런 면에서 [생명의 서]는 우리네 삶 전반을 살피고 가야할 길을 제시하는 가이드북입니다. 저자는 심혈을 기우려 그리스도인의 바른 삶과 교회가 가야 할 지향점을 제시 하고 있습니다. 모든 성도와 교회들이 기쁨으로 주님의 미래를 맞이하기를 바라는 마음을 담아 이 책을 추천합니다.

한지터 대표, 전 충신교회 담임 **박종순 원로 목사**

지구의 다음 세대를 위하여 그리고 천국의 다음 시대를 위하여!

지혜를 전수하며 영원을 준비하는 이 [생명의 서]는 성경 다음으로 시니어들이 필수적으로 읽고 써야 할 책이라고 생각합니다. 미주 복음 방송국에서도 준비된 시니어가 차세대다라는 주제를 설정하고 그 인식을 확산시키는 첨병의 역할을 감당하고 있습니다.

그런데 그간 그것을 돕기 위한 적절한 자료가 없어 절실하던 차에 샬롬 김 박사의 책은 시니어들에게 종합적이고 필수적인 책입니다. 시니어들의 전반적 삶을 완성케 하고 자녀들의 삶을 완성케 해주는 책이기에 커리큘럼이 없어서 고민하는 교회와 시니어들에게 강력 추천합니다.

미주복음방송국 **이영선 사장**

살아 있는 모두가 죽기 전에 꼭 읽고 완성해야 등대와 같은 필독서!

이 책은 하나님께서 각자에게 주신 사명을 찾게 하고, 그 사명을 따라 하나님의 자녀로서 하나님께 영광을 올려드려 형통한 삶을 살아갈 수 있도록 그 길을 안내하는 등대와 같은 필독의 책입니다. 그럴 때 하나님께서 각자에게 주신 비전의 현장이 성시화가 되는 역사가 있을 것입니다.

잠깐 읽고 감동받고 끝나는 것이 아니라, 구체적으로 자신의 삶에 적용하고, 또 자녀들에게 그것을 전수하도록 고안된 이 책은 매우 감동적이고 효율적으로 모든 영역의 삶을 완성하게 합니다. 살아 있는 모두가 죽기 전에 꼭 읽고 완성해야 할 등대와 같은 필독서를 적극 추천합니다.

미주 성시화 대회 **김재권 이사장**

백악관에서 동쪽으로 떨어진 워싱턴 DC 14번가 650번지에 위치한 양복점이 하나 있다. 양복점의 주인 Georges de Paris는 '대통령의 디자이너'란 이름에 걸맞게 개성 강한 패션 감각으로 정평이 나 있습니다. 한 고객이 찾아와 당시 대통령이 입은 옷과 똑같은 정장을 주문했을 때 드파리는 말했다.

"당신을 대통령으로 만들어 드릴 수는 없지만
당신을 위한 대통령의 옷은 만들어 드릴 수 있습니다."

대통령의 옷처럼 대통령의 죽음도 있을까? 왕의 죽음 말이다. 성경은 죽음과 장례의 모든 것을 담고 있습니다. 사무엘 상 31장과 사무엘 하 1장에서 사울 왕의 경우를 통하여 우리는 창세기 족장들의 죽음과 장례(창세기 47장~50장)에 이은 왕가의 죽음과 장례를 봅니다. 사무엘 상 31장에서 사울과 요나단이 전사한 후 그 시체를 가져다 "불사르고 그의 뼈를 가져다가 야베스 에셀 나무 아래에 장사하고 칠 일 동안 금식하였더라" (삼상 31:12-13). 그리고 다윗은 그들을 위하여 슬픈 노래로 조상한다 (삼하 1:17-27) 이런 이야기 속엔 우리에게 친숙한 국장(國葬), 화장(火葬), 수목장(樹木葬), 조가(弔歌)와 조사(弔辭)가 등장합니다.

시인 이성복은 스승의 정의는 '생사(生死)를 건네주는 사람'이라고 했습니다. '죽음이 무엇인지' 알려주기 위해 생사를 공부하는 사람이라고. '죽음의 강을 건널 때 겁먹고 급류에 휩쓸리지 않도록 이쪽으로 바지만 걷고 오라'고. (김지수 기자 인터뷰에서)

질문하게 됩니다. 우리의 죽음과 장례는 과연 어떠하고, 우리에게 그런 스승이 있는가?

나는 샬롬 김박사의 이 귀한 저술에서 그 답을 찾는다. 반갑고 놀랍다. 성경을 교본으로 한 <생명의 서>에서 내 인생의 스승을 만날 수 있다니.... 샬롬 김박사야말로 이 시대에 이 주제 대하여 참된 스승이 아닌가? 그는 우리로 하여금 각 개인으로서 혼자 죽음을 맞이할 것이 아니라 그간 성경과 역사 속에 축적된 지혜를 활용하여 맞이하고, 거기에 자신의 지혜를 더하여 자녀들에게 전수해 주라고 말한다. 그간 죽음이 늘 인류에게 있었지만 각 개인이 생소하게 공포속에서 맞았습니다. 이제 그것을 영전식으로 맞이하도록 삶과 죽음에 대한 혁명 방법을 건네 주고 있습니다. 이 책은 말합니다.

"당신을 이 땅에서 왕으로 만들어 드릴 수는 없지만
당신이 존귀한 죽음과 장엄한 장례를 통해 진정한 왕궁으로 가시도록 할 수 있습니다."

우리나라 최초 임종감독, 엔딩플래너를 육성하는 <비채 인문학당> 촌장
하이패밀리 대표, 동서대학교 석좌교수 **송길원 목사**

목차
CONTENTS

사랑하는 사람을 위하여

누구에게나 기록하여 전해 주어야 할 것들은 있습니다.
특별히 사랑하는 이에게는

사랑은 사랑을 기록하고,
기록하는 자는 복이 있으니
그의 사랑이 영원히 기억되고 기념될 것입니다.

여호와께서 모세에게 이르시되
이것을 책에 기록하여 기념하게 하고 여호수아의 귀에 외워 들리라. | 출애굽기 17:14

여호와께서 두 돌판을 내게 주셨나니
그 돌판의 글은 하나님이 손으로 기록하신 것이요. | 신명기 9:10

질문: 1 하나님께서 직접 손으로 써 주신 이유는 무엇일까요?
2 하나님께서 왜 모세에게 책에 기록하여 여호수아에게 외우라고 했을까요?

삶을 지어온 그대에게

1.
평평하기만 한 것이
어찌 산이겠으며
그래서야 어찌
대단한 생명들을 품겠으며...

평탄하기만 한 것이
어찌 삶이겠으며
그래서야 어찌
위대한 사명들을 품겠으며...

2.
들쑥하여 계곡도 있고
날쑥하여 등성도 있어
낮고 높은 생명을 위한
우뚝 선 산이 되는 것

쑥쓰러운 고난도 있고
으쓱하는 성취도 있어
멀고 큰 사명을 위한
우뚝 선 삶이 되는 것

3.
남 보기엔 그냥 자연이지만
남 볼까 하는 별난 사연이 있는
강물의 산, 눈물의 삶,
다 잊고 산, 다 딛고 선.

그리 다가온, 그리 다져온
그리 지나온, 그리 지어온
산뜻한 산, 애뜻한 삶.
따뜻한 산, 뿌듯한 삶.

4.
계절들을 완성하지 않고야
어찌 산이 되겠으며
시절들을 완성하지 않고야
어찌 삶이 되겠으며

그런 산에 깃드는
이해를 초월한 평화, 샨티!
그런 삶에 깃드는
모두를 감싸는 평화, 샬롬!

샬롬 김 [비전의 서] P. 259

질문: 이 시는 모든 인생이 우여곡절이 있고, 그래서 인생은 산과 같고 산은 계곡과 등성도 있어 풍요롭게 된다고 말합니다. 동의하십니까?

03 내가 『생명의 서』를 쓰는 이유_자신에게

내가 이미 얻었다 함도 아니요 온전히 이루었다 함도 아니라
오직 내가 그리스도 예수께 잡힌 바 된 그것을 잡으려고 달려가노라

형제들아, 나는 아직 내가 잡은 줄로 여기지 아니하고
오직 한 일 즉 뒤에 있는 것은 잊어버리고 앞에 있는 것을 잡으려고
푯대를 향하여 그리스도 예수 안에서
하나님이 위에서 부르신 부름의 상을 위하여 달려가노라. | 빌립보서 3:12-14

내가 달려갈 길과 주 예수께 받은 사명
곧 하나님의 은혜의 복음을 전하는 일을 마치려 함에는
나의 생명조차 조금도 귀한 것으로 여기지 아니하노라. | 사도행전 20:24

전제와 같이
내가 벌써 부어지고
나의 떠날 시각이 가까웠도다

나는 선한 싸움을 싸우고
나의 달려갈 길을 마치고 길을 지켰으니
이제 후로는 나를 위하여 의의 면류관이 예비되었으므로
주 곧 의로우신 재판장이 그 날에 내게 주실 것이며
내게만 아니라 주의 나타나심을 사모하는 모든 자에게도니라. | 디모데 후서 4:6-8

질문: 1. 이 말씀들은 모두 바울 사도가 인생의 완성점을 향하여 가면서 한 것입니다.
2. 어떤 말씀이 특별하게 가슴에 다가 오시고 이유는 무엇입니까?

내가 『생명의 서』를 쓰는 이유_자녀에게

내가 하나님의 아들의 이름을 믿는 너희에게 이것을 쓰는 것은
너희로 하여금 너희에게 영생이 있음을 알게 하려 함이라. | 요한 1서 5:13

나의 자녀들아, 내가 이것을 너희에게 씀은
너희로 죄를 범하지 않게 하려 함이라.
만일 누가 죄를 범하여도 아버지 앞에서 우리에게 대언자가 있으니
곧 의로우신 예수 그리스도시라. | 요한 1서 2:1

이것을 네게 쓰는 것은…
너로 하여금 하나님의 집에서 어떻게 행하여야 할지를 알게 하려 함이니
이 집은 살아 계신 하나님의 교회요 진리의 기둥과 터니라. | 디모데 전서 3: 14-15

보라, 내가 너희에게 쓰는 것은
하나님 앞에서 거짓말이 아니로다. | 갈라디아서 1:20

질문: 1. 이 말씀들은 요한 사도와 바울 사도가 인생의 완성점을 향하여 가면서 영적 자녀들에게 한 것입니다.
2. 어떤 말씀이 특별하게 가슴에 다가 오고, 그 이유는 무엇입니까?
3. 다음 말씀이 동의가 되시면 읽으시고 아래에 이름을 써 사인을 하십시오.

사랑하는 자녀들아, 내가 이것을 쓰는 것은

성경에 축적된 지혜와 유산으로 나의 영원한 삶을 준비하여
나로 천국에서 영화로운 삶을 살며 주님께 영광을 돌려 드리려 함이며

내가 성경과 삶을 통해 축적한 지혜와 유산을 너희에게 전수하여
너희로 세상에서 형통한 삶을 살며 주님께 영광을 돌리게 하려 함이라.

서명: ______________________

1권

[생명의 서]
오리엔테이션

1장 예상치 못한 여행의 시작

멘토

여기서는 멘토와 만나고, 멘토와 함께 여행함으로써『생명의 서』가 어떤 책이고, 왜 이 책을 읽고 써야 하는지를 알게 될 것입니다.

1장. **예상치 못한 여행의 시작**

여기에서는『생명의 서』를 왜, 어떻게 써야 하고, 1권『생명의 서』가 어떻게 구성되어 있는지 멘토와 더불어 알게 될 것입니다.

05 멘토와의 만남

멘토: 샬롬, 당신에게 평안을 전합니다.
나: 당신은 누구시죠?

멘토: 나의 이름은 멘토입니다. 당신에게 중요한 소식을 가지고 왔습니다.
나: 좋은 소식인가요, 나쁜 소식인가요?

멘토: 그것은 당신이 어떻게 생각하느냐에 달려 있습니다. 하나는 나쁠 수 있고, 또 하나는 기쁠 수 있습니다. 어떤 것을 먼저 듣기 원합니까?
나: 그렇다면 나쁜 소식 먼저 듣겠습니다.

멘토: 나쁜 소식은 당신이 죽을 거라는 것입니다. 당신은 처음부터 죽음이라는 불치병을 가지고 태어났고, 그간 살아온 삶에 온전치 못한 부분이 있었기에 죽음이 불가피합니다. 당신이 지금 나를 인식하고 나와 이런 대화를 나누는 것이 죽음이 가까이 왔다는 증거입니다.
나: 네? 죽는다고요? 그럼 제가 앞으로 얼마나 살 수 있는 건가요?

멘토: 얼마나 남아 있는지는 비밀입니다.
나: 저는 전혀 준비가 되지 않았습니다. 그렇다면 기쁜 소식은 무엇입니까?

멘토: 좋은 소식은 당장 죽지는 않을 거라는 것입니다. 더 좋은 소식은 당신의 온전치 못했던 삶을 회복할 기회가 남아 있다는 사실입니다. 당신이 지금 나를 인식하고 나와 이런 대화를 나누는 것이 회복의 기회가 있다는 증거입니다. 또 그 회복은 당신으로 하여금 나머지 인생을 그 어느 때보다 보람찬 황금기로 살게 해줄 것입니다.
나: 당장 죽지도 않고 나머지 삶을 황금기로 살 수 있다니 그것이 사실이라면 정말 기쁜 소식이군요. 그럼 제가 무엇을 어떻게 해야 합니까?

멘토: 당신이 해야 할 일은 결정과 실행입니다. 우리의 대화가 이것으로 끝난다면 당신의 삶은 허망해지고죽음은 두렵게 다가올 것입니다. 그러나 당신이 앞으로 나와 여행을 함께한다면 당신의 나머지 삶은 달라질 것입니다. 그간 살아온 삶을 완성하며 그 어떤 것도 두려워하지 않는 인생을 살게 될 것입니다. 나와 함께 여행을 시작하시겠습니까?
나: 어떤 여행인지 궁금합니다.

멘토: 이 여행은 매우 특별합니다. 당신의 과거와 현재, 그리고 아직 알 수 없는 미래에 관한 것입니다. 행복과 두려움으로 뒤섞였던 어제까지의 시간들과 다가올 미래의 시간들을 모두 행복하게 만드는 여행입니다.

나: 그러면 구체적으로 이 여행을 어떻게 하는 것입니까? 좀 혼돈스럽습니다.
멘토: 여행은 이 책을 통하여 하게 될 것입니다. 우리는 책 내용 속에서 서로 대화를 나누며 여정을 함께할 것입니다. 말씀드린 대로 주제는 당신의 온전한 완성입니다. 당신의 이해를 돕기 위해 우리는 다른 사람들의 삶도 방문하고, 그들과 당신의 삶을 비교하며, 당신의 과거와 현재와 미래도 찾아 갈 것 입니다. 그리고 그것들을 이 책에 기록할 것입니다. 그런 면에서 이 책은 당신의 매우 특별한 자서전이 될 것입니다.
나: 이 책을 통해 소통하고 자서전과 같이 기록도 할 것이라고요?

멘토: 네, 그렇습니다. 기록하는 이유는 당신이 저와의 여행이 끝난 후에도 적은 내용들을 돌아보며, 또 자녀들에게도 보여주어 그들이 인생을 보다 잘 준비하도록 돕기 위함입니다. 왜냐하면 육체의 끝은 당신의 자녀들이고 영혼의 끝은 천국일 것이기 때문입니다. 그래서 이 책은 당신의 인생을 완성할 뿐만 아니라 그 완성이 당신의 자녀들을 천국으로 이어지게 할 것입니다.

나: 갑자기 너무 심오한 말씀을 하시니 얼떨떨합니다. 제가 다 이해할 수는 없지만 그간 제가 생각하지 못했던 중요한 일일 것 같습니다.

멘토: 그렇습니다. 이 일은 당신 인생의 지금 이 시점에서 가장 중요한 일입니다.

나: 그런데 생각해 보니 제가 지금 당장 해야 할 일들이 많아서 어렵겠는데...다음에 하면 안 될까요?

멘토: 당신은 그동안 늘 바쁘게 살아왔지요. 그런데 누가복음 16장에 나오는 청지기를 아시지요? 어느 날 주인이 청지기를 불렀습니다. 주인은 그에게 그동안 일한 장부를 가지고 와서 계산을 한 뒤 파면을 하겠다고 했습니다. 그간 주인이 준 비전과 사명에 근거하여 살지 못했던 그는 당황하여 파면 전에 살길을 찾으려 노력했습니다. 주인은 그가 파면 직전에 혼신의 힘을 다하여 살 궁리를 마련한 것을 칭찬하지요. 그 비유는 각 사람이 인생 속에서 한 일을 마지막에 심판하겠다는 이야기입니다. 언젠가 당신에게도 닥칠 일이죠. 그 일이 느닷없이 오기 전에 저와 미리 살 궁리를 하려는 것이 이 여행의 목적입니다.

그동안 더 많은 일을 함으로 더 많은 것을 성취하려고 자신을 혹사했다면
이제 더 중요한 일에 집중함으로 더 많은 것을 얻을 수 있도록 할 때입니다.

나: 계산할 때가 온다는 말이 좀 두렵게 느껴지는군요. 그런데 더 많은 일을 하면 더 많은 것을 성취하는 것은 우주의 이치 아닌가요? 저는 이 방법이 세상에서 가장 공평하게 열매를 거두는 방법으로 여겨집니다.

멘토: 성실은 중요합니다. 그러나 그 성실은 우선순위와 온전한 방향을 알고 행할 때만 선한 열매로 맺히고 거둘 수 있습니다. 많은 사람이 더 비싸고 더 좋은 것을 먹고 입기 위하여 더 많이 일하고 돈을 더 벌어야 한다고 생각합니다. 그런데 이보다 더 나은 방법이 있다고 말씀하시는 분이 계십니다.

주님께서 "먼저 그 나라와 의를 구하라" (마태복음 6:33)고 하신 것은
잘 먹고 잘 살기 위하여 할 것은 더 많은 노동이 아니라
중요한 우선 순위를 확실하게 하는 것에 있다는 것을 알려주신 것입니다.

나: 아, 그렇군요. 우선순위와 온전한 방향… 알겠습니다. 이 세상에서 잘 먹고 잘살기 위하여 그저 성공에만 힘쓰며 살았던 저에게는 너무 어려운 이야기인 것 같아 두렵습니다.

멘토: 물론 어려울 수 있습니다. 하지만 가장 어려운 일은 결단과 실행뿐이고 나머지는 무척 쉽습니다. 그 이유는 이 여행의 핵심 주제를 당신이 누구보다 가장 잘 알고 있기 때문입니다.

나: 저도 온전해지고 자녀에게도 복된 일이 정녕 일어날 수 있나요? 그렇게 된다면 이 여행의 끝에는 무엇이 기다리고 있습니까?

멘토: 이 여행의 끝에 세 가지 선물이 주어질 것입니다.

첫째, 당신은 이 땅에서 남은 삶을 마치 천국처럼 살게 될 것입니다. 당신은 내면으로 전혀 다른 사람, 새 사람이 되어 이 땅에서 당신에게 주어진 곳을 천국으로 만들 것입니다.
둘째, 당신의 자녀들이 그런 당신을 통해 큰 복을 받고 당신의 모든 복된 것들을 전수받아 세상에서 영성과 전문성을 갖춘 지도자로 자라나게 될 것입니다.
셋째, 당신이 이 땅에서 사명을 완수한 후에는 하나님께서 계신 천국으로 돌아가게 될 것입니다. 그곳에서 이긴 자들에게 예비된 상급들을 받아 누리며 영원을 살게 될 것입니다. 주님께서 요한계시록 2-3장에서 언약하신 그것들이 모두 당신이 품고 실현할 궁극적인 비전입니다. 그 비전을 품으면서 영의 눈을 열고 상상해 보십시오.

당신의 삶이 완성되었을 때 실현될 비전의 모습은 다음과 같습니다.

이 여행을 통하여 당신은
하나님과의 온전한 첫사랑을 회복하고 미래를 두려워하지 않으며
회개가 완성되어 정금같이 되었고 의의 옷을 입었으며
주님이 주신 안약으로 눈이 온전케 되었습니다.
새 예루살렘 성에 들어가서 생명나무 과실을 먹고 생명의 면류관을 받았으며
권세와 새벽별을 받았을 뿐 아니라 새 이름을 받고
예수님의 보좌에 함께 앉아 영원을 살고 있습니다.

질문: 1. 단원에서 멘토는 왜 나에게 찾아 왔나요? (답의 예: 죽음 통보)

2. 멘토는 나에게 무엇을 하라고 하나요? (답의 예: 과거, 현제, 미래 삶을 함께 보는 여행을 같이 하자고, 그리고 그것을 기록하여 자녀들에게 남겨주라고)

3.멘토는 이 여행의 끝에 어떤 선물이 있을 것이라고 말하고 있나요?

4. 멘토는 여행이 완성되었을 때의 비전을 어떻게 말하고 있나요?

5. 당신이 다음 "나"의 말에 동의 하신다면 아멘이라고 쓰십시오. 아멘은 동의한다는 뜻입니다.

나: 오, 그런 삶을 살고 있는 미래의 저를 비전으로 보니 세상에서 가장 영화로운 그 어떤 것과도 감히 비교할 수 없을 것 같습니다. 지금 이 순간 나를 위해 이런 삶을 예비하신 하나님 아버지의 은혜와 나를 위해 죽어 주신 주님의 사랑과 나와 함께하시며 동행해 주시는 성령께 무한 감사와 영광과 찬송을 드립니다. 그리고 저와 이 여행을 함께해 주실 멘토님께 감사드립니다. ________

멘토의 조언

06

멘토: 다음은 이 여행을 함께하는 그대가 기억할 내용입니다.

죽음이 순서 없이 온다고 두서없이 맞이해서는 안 됩니다.
안타까움이 없는 인생을 완성함으로 두려움 없는 죽음을 맞이해야 합니다.

죽음이 찾아와 영혼과 입술을 마비시킨 상황에서 무슨 유언을 할 수 있을까요?
유언 몇 마디가 남은 자녀들이 세상을 정복하고 승리하기에 족한 지혜가 될 수 있을까요?

많은 이가 영원할 것처럼 살다가 한 순간, 몇 마디의 옹알이와 함께 세상을 떠났습니다.
남은 이들은 잠시 슬퍼할 뿐 아무것도 배우지 못한 채 자신의 죽음을 곧 대면하게 됩니다.

이전 인류는 매번 그렇게 각자에게 갑자기 찾아온 죽음 앞에 혼자 외롭게 죽어 갔고,
새 인류 또한 그렇게 각자에게 갑자기 찾아올 죽음 앞에 혼자 괴롭게 죽어갈 것입니다.

이제 죽음에 대하여 대대로 세상이 마주한 그 허무한 방식을 끝내고
새롭고 온전한 방법으로 새 역사를 위한 혁명을 시작하여야 합니다.

죽음은 인간과 처음부터 있지 않았고 하나님과 영원히 있지도 않을 것입니다. 첫 죽음이 마지막 죽음인 사람은 복되지만, 두 번 죽는 사람의 죽음은 재앙이 될 것입니다.

의로운 이에게 죽음은 다만 승진을 위한 졸업식, 천국 귀국을 위한 잔치일 뿐입니다.
그러기 위하여 천국적 관점에서 인생을 재평가하고 완성할 필요가 있습니다.

그리고 모든 축적된 지혜를 후손에게 전수하여 그들이 더 나은 인생을 살 수 있도록 해야 합니다. 두려움 가운데 얼떨결에 죽음을 맞이함으로 비전과 지혜가 사장되는 일은 끝내야 합니다.

죽음이 오기 전 비전과 지혜를 전수하여 역사를 바꿔야 합니다!
심판을 받기 전 비전과 사명을 완성하여 인생을 바꿔야 합니다!
천국에 가기 전 거룩한 예복을 준비하여 영원을 바꿔야 합니다!
지구의 다음 세대를 위하여 | 천국의 다음 시대를 위하여

이 땅과 영원한 삶에 대하여 최고의 비밀을 품고 있는 고문서인 성경의 지혜와 더불어
그간 살면서 축적한 지혜를 나눔으로 이 땅과 천국에서 더 잘사는 방법을 나눌 것입니다.

저는 이 여행을 통하여 당신에게 보물로 채울 다양한 빈 창고를 마련해 드릴 것입니다.
당신의 보물로 빈 창고를 채움으로 이 땅의 새 세대와 천국의 새 시대를 여십시오.

그러기에 이 책의 진정한 저자는 당신입니다.
그리고 이 책의 진정한 독자는 당신의 자녀들입니다.

질문: 1. 이 단원에서 멘토가 말하는 주제는 무엇입니까? (답의 예: 죽음과 그것을 맞이할 자세)

2. 다음 멘토의 말을 따를 마음이 있다면 아멘과 날짜를 쓰십시오.

그저는 이 여행을 통하여 당신에게 보물로 채울 다양한 빈 창고를 마련해 드릴 것입니다.

당신의 보물로 빈 창고를 채움으로 이 땅의 새 세대와 천국의 새 시대를 여십시오.

__________ 20__년 __월 __일

생명책과 행위책

나: 멘토님, 이 여행을 왜 이 책을 통해서 해야 하는지 설명해 주십시오.

멘토: 책은 삶을 깊이 있게 돌아보게 하는 매우 효과적인 도구이기 때문입니다. 그간의 삶을 돌아보고 죽음과 그 이후를 준비하게 해준 좋은 책들이 있었습니다. 성경은 최고의 책이고 그 외 다른 책들도 있습니다. 예를 들어, 영국의 문호 존 번연 John Bunyan이 1678년에 쓴 『천로역정』과 찰스 디킨즈 Charles Dickens가 1843년에 쓴 『크리스마스 캐롤』입니다. 『천로역정』은 크리스천이라는 주인공이 천국의 문을 향하여 나아가는 여정 속에서 다양한 사람들을 만나 미혹과 유혹들을 받지만 그것을 이기고 천국으로 나아가는 감동적인 이야기입니다. 『크리스마스 캐롤』은 구두쇠로 알려진 회계법인의 갑부 에벤에셀 스크루지 영감이 죽은 자신의 동료인 제이콥 말러의 유령과 다른 유령들을 통해 자신의 짓궂은 과거와 비참한 미래를 방문하여 돌이키고 선한 자선 사업가로 변화하는 이야기입니다.

나: 저도 그 책들을 읽고 영화로도 본 적이 있어서 기억합니다. 그런데 그 책들은 저에게 감동은 주었지만 실제로 제 삶을 바꾸지는 못했습니다. 이 책은 언급하신 두 책과 비슷하게 쓰여졌나요? 그렇다면 저는 이 책에 관심이 없습니다.

멘토: 앞의 두 책은 감동을 주며 삶을 돌아보게 하지만, 실질적으로 읽는 이들의 삶에 구체적인 변화를 주기에는 한계가 있을 수 있습니다. 그러나 이 책은 다를 것입니다.

나: 그렇게 유명한 책들도 제 삶을 바꾸지 못했는데 하물며 이 책이 어떻게 제 삶을 바꿀 수 있을지 확신이 안 갑니다.

멘토: 이 책은 위에 언급한 두 책들과 달리 당신을 돌아보고 당신의 삶을 온전케 할 구체적인 방법들을 찾고 행하게 할 것입니다.

이 책은 두 권의 다른 책을 참고하여 쓰여졌습니다.
그 두 권의 책은 사람이 한 번도 본적이 없고 읽어 본적이 없는 것들입니다.

그 두 권의 책이 믿을 만하고 진실하다는 증거는 우선 성경에 기록되어 있다는 것이고, 두 책의 저자가 하나님이라는 사실입니다.

모세 | 주께서 기록하신 책에서 내 이름을 지워 버려 주옵소서. | 출애굽기 32:32
다윗 | 나의 눈물을 주의 병에 담으소서 이것이 주의 책에 기록되지 아니하였나이까. | 시편 56:8
말라기 | 여호와를 경외하는 자와 그 이름을 존중히 여기는 자를 위하여 여호와 앞에 있는 기념책에 기록하셨느니라. | 말라기 3:16
예수님 | 그러나 귀신들이 너희에게 항복하는 것으로 기뻐하지 말고 너희 이름이 하늘에 기록된 것으로 기뻐하라 하시니라. | 누가복음 10:20

모세와 다윗은 주께서 이 책들을 기록하셨다고 말합니다. 모세와 말라기와 예수님께서 말씀하신 책은 "여호와를 경외하는 자와 그 이름을 존중히 여기는 자"의 이름이 적혀 있는 생명책입니다. 다윗이 자신의 행위가 "주의 책에 기록"되었다고 하는 것은 행위책을 말합니다.

그런데 예수님께서는 이름이 그 책, 곧 생명책에 기록된 것은 세상의 어떤 일을 이룬 것보다 기뻐

할 일이라고 말씀하십니다. 도대체 그 책이 무엇이기에 그럴까요? 이것의 구체적인 비밀이 요한계시록에서 밝혀집니다.

요한 | 또 내가 보니 죽은 자들이 큰 자나 작은 자나 그 보좌 앞에 서 있는데 책들이 펴 있고
또 다른 책이 펴졌으니 곧 생명책이라. 죽은 자들이 자기 행위를 따라 책들에 기록된 대로
심판을 받으니 누구든지 생명책에 기록되지 못한 자는 불못에 던져지더라. | 요한계시록 20:12, 15

죽은 모든 사람들이 "저가 행위를 따라 책들에 기록된 대로 심판을 받"지만 "생명책에 기록"된 사람만이 구원받고, 나머지는 "불못에 던져지"게 됩니다.

나: 멘토님, 그럼 과연 누구의 이름이 생명책에 기록될 수 있을까요?
멘토: 생명책에 기록된 사람들은 예수님께서 말씀하신 대로 예수님을 믿고 따르는 제자들과 이기는 자들입니다.

이기는 자는 내가 그 이름을 생명책에서 결코 지우지 아니하고
그 이름을 내 아버지 앞과 그의 천사들 앞에서 시인하리라. | 요한계시록 3:5

그런데 문제는 그들 중에서 이름이 지워질 수도 있다는 것입니다. 지워지지 않을 한 가지 조건은 생명책에 이름이 적혀 있는 자들이 "이기는 자"가 될 때입니다. 이러한 이김은 인간의 힘과 능력으로 이길 수 있는 것이 아닙니다. 오히려 정반대입니다.

만군의 여호와께서 말씀하시되 이는 힘으로 되지 아니하며 능력으로 되지 아니하고
오직 나의 영으로 되느니라. | 스가랴 4:6

이 이김의 핵심은 예수님을 믿음으로 생명책에 이름이 기록되고 예수님께서 주신 비전을 실현하기 위하여 여호와의 신에 의지할 때 진정으로 이길 수 있다는 것입니다.

나: 멘토님, 참으로 어렵고 두려운 이야기가 아닐 수 없습니다. 그럼 제가 어떻게 해야 구원을 받고 생명책에 이름이 기록될 수 있습니까?
멘토: 그것에 관한 이야기는 내일 또 하도록 합시다.

질문: 1. 이 단원에서 멘토는 이 책 [생명의 서]가 어떤 책을 참고하였다고 말하나요?
(답의 예: 천국에 있는 생명책과 행위록)

2. 생명책과 행위록은 어떻게 다른가요?

3. 행위록에 기록되지 않기를 바라는 삶의 부분이 있으십니까?

4 "나"의 이름은 생명책에 기록되어 있다고 확신합니까? ☐ 네, ☐ 아니요

08 생명책에 이름이 기록된다는 것

나: 멘토님, 저의 이름도 생명책에 꼭 기록되기를 원합니다.
멘토: 당신의 이름이 생명책에 기록되게 하기 위하여 다음 질문들에 답해 보십시오.

Q. 당신의 이름이 생명책에 기록되어 있고 지워지지 않을 것을 확신합니까?

그렇습니다 ▢ 아닙니다 ▢ 잘 모르겠습니다 ▢

아니거나 잘 모르겠다면 두 단계의 일을 함께해 보십시오.
천국의 생명책에 이름이 기록될 수 있는 자격은 먼저 예수님을 믿는 것입니다.

Q. 당신은 예수님을 구주로 영접했고 예수님께서 구원자 되심을 믿습니까?

그렇습니다 ▢ 아닙니다 ▢ 잘 모르겠습니다 ▢

혹시, 아니거나 잘 모르는 상태일지라도 지금 이 순간부터 구원의 확신을 가지고 살면서 예수님과 그분의 진리를 따르기 원한다고 진심으로 고백하면 됩니다. 예수님을 믿고 구원을 받으며, 생명책에 이름이 기록되기 위하여 엄청난 일을 해야 하는 것은 아닙니다. 다음 성경의 말씀에 근거하여 예수님을 믿겠다고 결단하시면 됩니다.

영접하는 자 곧 그 이름을 믿는 자들에게는 하나님의 자녀가 되는 권세를 주셨으니 | 요한복음1:12
하나님이 세상을 이처럼 사랑하사 독생자를 주셨으니 이는 그를 믿는 자마다 멸망하지 않고 영생을 얻게 하려 하심이라. | 요한복음 3:16
이기는 자는 이와 같이 흰 옷을 입을 것이요 내가 그 이름을 생명책에서 결코 지우지 아니하고 그 이름을 내 아버지 앞과 그의 천사들 앞에서 시인하리라. | 요한계시록 3:5

성경은 하나님의 진실된 말씀을 기록한 책입니다. 그래서 위 성경의 말씀에 따라 다음과 같이 고백하고 행하면 됩니다.

하나님, "영접하는 자 곧 그 이름을 믿는 자들에게는 하나님의 자녀가 되는 권세"를 주신다고 하셨으니, 저도 오늘 이 순간부터 예수님을"영접"하고 예수,"그 이름을 믿겠습니다. 이제 지난 죄들에 대하여 회개하고 돌이키겠습니다. 저의 죄를 용서하여 주시고, 저의 생명을 구원하여 주십시오.

말씀에 근거하여 제가"하나님의 자녀"가 된 것을 믿고 감사드립니다. 이제 하나님의 자녀가 되었으니 저를 지으시고 이 땅에 보내신 비전을 알고 실현하는 삶을 살겠습니다.

성장하기 위하여 성경을 읽고, 성전을 즐겨 찾아 성도와 함께 예배드리며, 성령의 충만함으로 물질과 세상과 육체와 마귀를 이기겠습니다. 감사드리며 예수님의 이름으로 기도합니다. 아멘.

멘토: 이 기도를 진심으로 드렸다면 이제 생명책에 당신의 이름이 기록된 것을 확신할 수 있을 것입니다. 물론 천국에서 기록된 것이니 이 땅에서 우리가 실감을 다 할 수 없습니다. 그런데 생명책에 이름이 쓰였다는 것의 실체를 이해하는 것은 어렵지 않습니다. 이렇게 생각해 보십시오. 당신의 이름이 이 땅에서 중요하게 기록된 곳이 있습니다. 바로 동사무소에 있는 주민등록 서류입니다. 이곳에 이름이 기록되었다는 말은 당신이 법적으로 그 동의 주민, 국가의 국민으로 살 수 있는 자격을 가지고 있다는 것입니다.

즉, 생명책에 이름이 기록된 것은 천국의 시민권 대장에 등록이 된 것입니다.

나: 아, 생명책에 이름이 기록된다는 것은 내가 천국 시민으로 등록되었다는 그런 쉬운 말이었군요. 그렇게 설명하시니 이제 생명책에 이름이 기록된 것이 얼마나 감사한 일인지 실감이 나는군요.
멘토: 그렇습니다. 그래서 예수님께서 이렇게 말씀하십니다.

그러나 귀신들이 너희에게 항복하는 것으로 기뻐하지 말고
너희 이름이 하늘에 기록된 것으로 기뻐하라 하시니라. | 누가복음 10:20

당신은 지금 이 땅에서 살면서 천국 시민권을 획득한 것입니다. 천국의 시민권은 모든 인간들이 가장 소원하는 선물입니다. 천국은 모든 인간이 물질적 결핍, 육체적 질병, 관계적 불화, 비전적 실패가 없이 풍족하게 살며, 건강하게 영원을 살며, 화목하게 행복을 영위하며, 자신의 비전을 실현하며 살 수 있는 곳입니다. 인간이 이 땅에서 소원하는 모든 것이 상상할 수 없는 크기로 완성되는 곳이기 때문입니다. 그런데 이곳을 가지 못하는 자의 미래는 참혹합니다.

사망과 음부도 불못에 던져지니 이것은 둘째 사망 곧 불못이라
누구든지 생명책에 기록되지 못한 자는 불못에 던져지더라. | 요한계시록 20:14-15

나: "둘째 사망"이 있고 "누구든지 생명책에 기록되지 못한 자는 불못에 던져"진다는 말이 몸서리가 쳐지고, 이제 제 이름이 생명록에 기록되어 있다는 확신이 얼마나 감사한지 모르겠습니다. 그간 막연하게 생각했던 것들이 조금씩 이해가 됩니다.

질문: 1. 생명책에 이름이 기록될 수 있는 방법을 성경은 무엇이라 말하고 있나요?

2. 내 행위가 아니라 주님의 선물은 믿음으로 생명록에 이름이 기록된다는 말이 믿어지십니까?

3 "나"의 이름은 생명책에 기록되어 있다고 확신하신다면 아멘을 쓰십시오. ______

멘토: 구원의 확신과 생명책에 이름이 기록된 것을 확신하신 것에 축하를 드립니다.

육체로 이 땅에서 한 번 죽는 것이 마지막 죽음이어야 합니다. 그렇지 않으면
불못에 던져지는 둘째 죽음을 맞게 되고 그 때는 영원을 그곳에서 사는 것입니다.

천국에서 듣게 될 질문과 좋은 답

멘토: 설교자들은 성도들이 천국에 가면 하나님께서 다음 두 가지 질문을 할 것이라고 말합니다. 그 질문들을 미리 알고 답을 준비하며 산다면 도움이 되겠지요. 두 질문과 우리가 드릴 수 있는 좋은 답은 다음과 같습니다.

Q1. 예수님을 믿었고 믿음으로 살았는가?

네, 하나님의 진리를 믿었습니다. 저의 믿음은 약했으나 성령의 은혜로 주신 믿음으로 더 강한 믿음의 삶을 살 수 있었기에 감사와 영광을 돌립니다.

Q2. 예수님의 사랑으로 사랑하며 살았는가?

네, 예수님의 십자가 사랑을 받고 감사하여 최대한 사랑하였습니다.
저의 사랑은 늘 부족했지만 성령의 은혜로 주신 사랑을 통하여 더 온전한 사랑을 할 수 있었기에 감사와 영광을 돌립니다.

이 답의 핵심은 인생을 하나님의 진리에 대한 믿음과 예수님 십자가의 사랑으로 사는 것이고 동행해 주신 성령의 은혜로 가능했음을 고백하는 것입니다.

나: 멘토님, 성령님의 역할이 너무나 중요하군요.

멘토: 그렇습니다. 천국의 진리와 사랑을 땅에 사는 인간의 논리로 행하지 못하기 때문입니다. 생각해 보십시오. 어찌 인간이 하나님의 진리를 알 수 있고 예수님 십자가의 사랑으로 행할 수 있겠습니까? 그것은 오직 성령과 동행할 때 가능합니다. 그리고 우리는 모든 영역에서 모든 것을 처음부터 잘할 수 있는 사람이 못됩니다.

그래서 성령께서는 우리에게 비전의 영역을 주시고 그 영역에 관해 집중하여 전문가가 되게 하시며 존재가 완성되도록 하셨습니다. 그래서 모든 것을 다 하는 것이 아니라 오직 한 비전 영역에 집중하면서 쉽고 기쁘고 보람 있게 성장하면서 성숙하도록 하셨습니다. 그러면서 그 영역에 전문가가 되어 하나님께서 주신 영적/물적/관계적 자원을 활용하며 영향력과 명예와 경제력도 가지고 남들을 돕도록 하셨습니다. 비전은 하나님께서 각 사람을 이 땅에 태어나게 하시면서 존재 목적으로 주신 일에 관한 것입니다. 하나님께서는 비전과 비전의 일을 실현하기 위하여 자원도 주십니다. 이 영역에 대한 질문은 다음과 같을 것입니다.

Q3. 내가 네게 준 비전과 그것을 실현하기 위하여 준 자원들을 어찌했는가?

예수님께서는 평가하시고 결산하시는 분입니다. 청지기의 비유(누가복음 16장)와 요한계시록에서 아시아 7교회를 평가하시는 것을 봐도 알 수 있습니다. 하나님은 우리에게 비전과 사명뿐 아니라 자원을 주십니다. 그리고 그것을 평가하십니다.

나: 멘토님, 정말로 이 질문을 주님께서 하신다면 어떻게 답해야 할지 전혀 모르겠습니다. 주님께서 주신 비전이 무엇이었는지 그리고 도대체 저에게 어떤 자원을 주셨는지 아무런 실마리도 없습니다.

멘토: 당황스럽지요? 우선 이 질문에 우리가 할 수 있는 답을 알아봅시다.

Q3. 내가 네게 준 비전과 그것을 실현하기 위하여 준 자원들을 어찌했는가?

A. 네, 주님께서 주신 비전 실현을 사명으로 삼고 노력하였습니다.
부족하지만 성령께서 주신 은사와 열매를 통하여 우선 마음과 목숨, 뜻과 힘을 다하는 가운데 예수님을 닮으며 비전 영역에서 전문가가 되려고 노력했습니다. 그리고 진리, 사랑, 의에 근거한 정책을 개발하고 수행함으로 비전 영역을 하나님의 나라로 만들었습니다.

그리고 제게 보내 주신 자녀와 멘티 제자들에게 비전과 지혜를 전수했고 이제 그들이 저보다 더 온전하게 주님의 비전을 세상에서 실현하며 더 많은 곳을 하나님 나라로 만들고 있습니다.

이 모든 것이 주님께서 제게 비전을 주시고, 비전의 사람들을 붙여 주시며, 활용할 자원을 주시고 동행해 주신 결과이기에 모든 영광을 주님께 돌립니다.

나: 아, 이 세 가지 질문 자체를 알게 된 것도 감사한데 답까지 알려 주셔서 감사합니다.

멘토: 이 세 질문들에 대하여 이 땅에서 늘 올바른 답을 준비하는 마음으로 산다면 좋을 것입니다. 그렇게 산다면 당신은 이 땅과 천국을 동시에 연결하여 사는 것이 될 것입니다. 거스르는 세상에서 잠시 핍박도 받겠으나 비전 실현을 위하여 과감하게 버린 것들에 대하여 백 배의 복과 천국의 영원을 상급으로 소유하게 될 것입니다(마가복음 10:29-30).

질문: 1. 천국에서 받게될 세 질문은 무엇입니까?

2. 그 세 질문에 대한 모범 정답은 무엇입니까?

3. 모범 정답대로 답할 준비가 잘 되셨나요? 안된 부분은 어떤 부분입니까?

나: 멘토님, 그렇게만 될 수 있다면 너무나 기쁘겠습니다. 그러나 기대감에 가슴은 뛰지만 구체적으로 어찌 해야 할지 몰라서 답답함이 더 큽니다.

멘토: 이해합니다. 그래서 우리가 이 책을 통하여 하나씩 풀어 나가게 될 것입니다.

10 『생명의 서』라는 책 제목이 뜻하는 것

나: 멘토님, 이 책의 제목이 왜 『생명의 서』이고 부제목이 [마지막 죽음과 첫 영원을 위한 자서전 쓰기]입니까?

멘토: 이미 살펴 본 것처럼 천국에는 생명책과 행위록이 있습니다. 그리고 이 책은 당연히 천국에 있는 생명책에 기록된 이름이 지워지지 않도록 하며, 다가올 죽음이 마지막 죽음이 되게 하며, 처음 맞는 영원을 잘 하기 위한 것입니다.

우선 이 땅에서 행위책에 있는 내용을 미리 살피고 대처함으로
궁극적으로 생명책에 기록된 우리 이름을 지키도록 하기 위함입니다.

인간은 모두 한 번 죽게 될 것인데 그것이 마지막인 사람은 복됩니다.
한번 죽는 것은 사람에게 정해진 것이요 그 후에는 심판이 있으리니 | 히브리서 9:27
그런데 두 번 죽는 사람이 있습니다.

사망과 음부도 불못에 던져지니 이것은 둘째 사망 곧 불못이라
누구든지 생명책에 기록되지 못한 자는 불못에 던져지더라. | 요한계시록 20:14-15
이 죽음은 피해야 합니다.

---

1. 이 책은 천국 행위책에 쓰여 있을 각자의 삶의 이야기 중에 회개, 용서 그리고 화해가 되지 않았음으로 심판을 받을 수 있는 것들을 찾고 회개와 화해를 통해 해결하도록 할 것입니다.
2. 또한 이 책은 하나님께서 우리를 이 땅에 보내시면서 우리에게 주셨던 존재 목적인 비전 실현과 자원 활용을 한 것에 대한 점검을 하고 미흡한 부분을 해결하도록 할 것입니다.
3. 두 가지를 실현하심으로 이기는 자가 되어 둘째 죽음을 피하고 요한계시록 2-3장의 복을 받게 할 것입니다.

다만 이기는 자가 된다는 것은
우선 하나님께서 주신 믿음을 지킨다는 것이며
궁극적으로 우리에게 주신 비전과 사명에 대하여
모든 순간 성령께 의지하여 목숨을 걸고 충성을 다한다는 말입니다.

이것은 인간의 행위로 구원을 받거나 구원을 잃는 것과는 다른 이슈입니다.
인간적 선행으로 구원을 받을 수도 없으며, 하나님의 구원을 잃을 수도 없습니다.

인간이 행위록의 죄 하나도 지울 수 없고, 생명책의 이름 한 자도 고칠 수 없습니다.
오직 우리의 회개와 용서, 믿음과 비전, 주님의 은혜와 은총으로 할 수 있습니다.

질문: 1. 이 책 [생명의 서]를 읽고 쓰야할 이유는 무엇입니까?

2. 그렇게 할 경우 당신과 자녀들이 받을 복은 무엇인가요?

『생명의 서』의 구조

멘토: 이 책은 다음과 같은 구조로 구성되어 있습니다.

『생명의 서』는 성경이 여러 편으로 구성된 것과 같이 다음 9편으로 구성되어 있습니다. 이 책에서는 이 중 1편과 2편을 합하여 1권으로 만들고 나누게 될 것입니다.

1권 **1. 『생명의 서』** 오리엔테이션 -예상치 못한 방문

당신이 어떤 현실에 처해 있는지 파악하며 이 책을 읽고 써야 하는 중요한 이유와 어떻게 써야 할지를 알려줍니다.

2. 추억의 서_주님, 행복했습니다!

그간 당신이 살면서 축적한 소중한 추억 자원들을 살피고 자녀들에게도 추천할 것입니다.

2권 **3. 회복의 서**_주님, 저를 온전케 하옵소서!

당신이 죽은 후 평가 심판 받을 것에 대하여 이 땅에서 미리 살피고 어떻게 회복할 수 있을지 살필 것입니다.

4. 인생의 서 _주님, 제 삶의 어제와 오늘입니다!

당신의 자서전적인 내용을 본격적으로 살피게 됩니다. 예수님의 평가 방법을 통하여 인생을 돌아보며 평가하게 될 것입니다.

3권 **5. 죽음의 서**_주님, 이제 두렵지 않습니다!

죽음에 대한 전반적인 진실과 올바른 대처법을 알려줍니다.

4권 **6. 지혜의 서**_주님, 지혜를 전수합니다!

당신이 인생을 살아오면서 깨닫고 축적한 지혜, 비법과 인맥 등을 자녀들에게 전수해 주기 위한 준비를 할 것입니다.

5권 **7. 비전 경영의 서**_주님, 비전을 꼭 실현하겠습니다!

당신이 남아 있는 날 동안에 실현해야 할 비전에 대한 계획을 세움으로 하나님 나라 귀국 준비를 철저하게 할 것입니다.

6권 **8. 언약의 서_구약편**_주님 구약 말씀의 언약과 비전에 따라 살겠습니다.

당신이 기억해야할 구약성경 핵심이야기와 주요 성구들이 망라되어 구구절절의 은혜와 구약 통독 효과를 짧은 시간에 누릴 수 있게 할 것입니다.

7권 **9. 언약의 서_신약편**_주님 신약 말씀의 언약과 비전에 따라 살겠습니다.

당신이 기억해야할 신약성경 핵심이야기와 주요 성구들이 망라되어 망라되어 구구절절의 은혜와 구약 통독 효과를 짧은 시간에 누릴 수 있게 할 것입니다. 또한 1H4B 근거 성구와 주제별 성구를 통해 말씀의 능력을 체험하게 될 것입니다.

『생명의 서』 글쓰기의 비법_큰 그림

멘토: 이 책 『생명의 서』는 읽는 부분과 쓰는 부분이 있습니다. 읽는 부분은 진실된 정보를 얻고 그에 근거하여 판단하고 행동하기 위한 것입니다. 그리고 쓰는 부분은 각자의 삶을 자서전적으로 살피기 위함입니다. 『생명의 서』 중 자서전적인 내용 글 쓰기를 위하여 준비할 큰 그림에 대하여 살펴보겠습니다.

| 큰 그림 |

1. **[인식과 각오]** 이 책을 쓰는 과정은 인생에서 가장 중요한 일입니다. 왜냐하면 이『생명의 서』가 진정으로 여러분의 인생과 자녀들의 인생을 완성하는 데 큰 도움을 줄 것이기 때문입니다. 이것을 읽고 쓰고 나누는 앞으로의 시간을 통하여 당신의 인생과 자녀들의 역사와 미래가 바뀔 것입니다. 그래서 인식과 각오와 결단이 필요합니다.

2. **[가족 공지]** 가족과 주변인들에게 이것을 알리고 진지하게 읽고 쓸 시간을 확보하기 위하여 활동 시간의 조정과 협조를 요청하십시오.

3. **[공동체 활용]** 매주『생명의 서』모임에 참석하여 서로 응원하고 격려를 받으십시오. 공동체에는 힘이 있어 같이 대화를 나누면서 하면 훨씬 쉽게 할 수 있습니다.

4. **[읽고 숙지하기]** 매일 읽으면서 감동이나 도전이 되는 부분이나 자녀와 꼭 기억하여 실행하고 나누고 싶은 부분이 있다면 밑줄을 긋고 옆에 메모를 하십시오. 그리고 그것을 언제 실행하거나 나누었는지도 기록하십시오. 기억력과 실행력 증진 그리고 치매 예방에 도움이 될 것입니다.

5. **[영적 준비]**『생명의 서』를 읽고 쓰는 과정과 순간을 마치 하나님의 백보좌 앞에서 행위책과 생명책을 대하는 심정으로 행하십시오. 쓰기 전 성령님께 꼭 필요한 내용이 기억나게 해달라고 기도하십시오.

6. **[생명의 서 구상 노트]**『생명의 서』를 알찬 내용으로 채우기 위하여 [생명의 서 구상 노트]라는 빈 노트를 활용하여 미리 생각과 자료를 정돈해도 좋습니다.

7. **[자료 정돈]** 필요한 사진, 졸업장, 각종 증명서 등 자료를 연대별, 주제별로 미리 구분해 보십시오.

8. **[쓸 수 있는 만큼]** 자서전적 내용은 쓸 수 있는 만큼, 은혜가 되는 만큼만 쓰면 됩니다. 절대로 부담 갖지 마십시오.

9. **[반복]** 이 책을 완성한 후 다시 읽고 보완하여 쓰고 재 수정하면 더 깊어질 것입니다.

| 환경 |

글을 읽고 쓰는 환경도 중요합니다.

1. **[방]** 가장 방해가 없는 곳을 정하고 몸의 높이와 맞는 책상과 체형에 맞는 의자와 방석, 등 받이를 준비하십시오. 높이를 조절하는 책상에서 가끔씩 서서 읽거나 쓰면 허리 아픈 것을 예방하고 집중력도 높일 수 있을 것입니다.

2. **[시간 안배]** 모래 시계나 토마토 시계를 활용하여 30분 단위로 읽거나 쓰고 꼭 5-10분 정도씩 휴식을 취하십시오.

3. **[휴식과 근육 이완]** 휴식하면서 영양 보충, 근육 이완을 해 주십시오. 방안이나 밖에서 걸으면서 뇌와 눈 그리고 손과 허리와 다리의 긴장을 풀어 주십시오. 손목 털기 운동과 눈 운동을 위하여 먼 산 보기, 얼굴 근육을 풀기 위해 찡그렸다 펴기, 눈을 쎄게 감았다 활짝 뜨기, 눈동자 굴리기, 멀리 보다가 가까이 보기, 손을 비벼 따뜻해진 손바닥으로 눈 감싸기와 제자리 뛰기 등을 하십시오.

4. **[소음]** 적절한 소음은 도움이 됩니다. 배경 음악으로 잔잔한 찬양 경음악 연주를 틀어 놓는 것도 뇌를 활성화하는 데 도움이 됩니다.

5. **[영양]** 초콜릿 등 약간 당분이 있는 간식, 커피나 녹차 등을 자주 마셔 주고, 아로마 향을 맡으며 영양을 섭취하는 것은 뇌 활성화에 도움이 됩니다.

| 계획 |

이 책은 하루에 하나씩 읽을 수 있고 아니면 며칠 분량을 한꺼번에 읽을 수도 있습니다. 자신의 스케줄과 몸 상태와 영감에 따라 자유롭게 하십시오. 그러나 일반적으로는 규칙적으로 행하는 것이 좋습니다.

아래에『생명의 서』를 하루 중 몇 시쯤, 얼마 정도, 어디에서 규칙적으로 쓸 것인지를 정하고 기록해 보십시오.

『생명의 서』를 주로 쓸 시간: ___새벽, ___오전, ___오후, ___저녁, ___밤, ___틈틈이

『생명의 서』를 주로 쓸 요일: __월, __화, __수, __목, __금, __토, __일 (※하루는 안식하시기 바랍니다.)

『생명의 서』를 주로 쓸 기간: ________년 __월부터 ________년 __월까지
(필요하다면 자신의 리듬과 삶의 환경에 맞추어 스케줄과 장소를 조정하셔도 됩니다.)

『생명의 서』를 주로 쓸 공간: 집의 ____________공간, 그 외 ________________

책 쓰기가 두려운 나

멘토: **글쓰기가 두려운가요? 무엇을 써야 할지 모르겠다고요? 두려워 마십시오.**

이 책은 여러분이 살아온 삶에 관한 것으로 여러분만이 쓸 수 있는 적임자입니다.
이 책은 자녀에 대한 사랑과 주님께 대한 사랑만 있으면 잘 쓸 수 있습니다.
그리고 하루에 조금씩 이 책이 인도하는대로 따라 가면 됩니다.
성령님께 기도하면서 쓰다 보면 쓸 것이 생각나고 잘 쓸 수 있는 영감도 떠 오를 것입니다.
쓰고 난 후에 '내가 이것을 썼단 말인가' 하고 놀라게 될 것입니다.

당신이 살아온 시대는 정말 특별했고 오늘 이런 역사를 만든 당신은 위대합니다. 이 말은 그 시대를 하나님의 은혜 속에서 당신의 세대가 특별하게 만들었다는 것입니다.

- 1884년 맥크레이, 알렌 선교사 입국
- 1903-5년 선교사들과 미국 하와이 사탕수수밭 이민 감사예배
- 1907년 평양 대부흥운동 및 장대현교회 7명 첫 목사 안수
- 1910년 일본의 강제 합병
- 1919년 3.1운동
- 1920-30년 일본 이민
- 1938년 강제 징용
- 1945년 해방과 1950년 6.25 민족 상잔
- 1960년 4.19, 1961년 5.16
- 1963-1977년 독일 광부 파견
- 1966년 독일 간호사 파견
- 1964-1973년 월남 파병
- 1970년 4월 20일 새마을 운동 출범
- 1974년 중동 파견
- 1980년 세계복음화 대회, 광주 민주화 운동,
- 1984선교 100주년 대성회
- 1988년 올림픽
- 1997년 IMF 금융의기와 금 모으기 운동
- 2002년 삼성의 소니 추월 3대 계획: 메모리 반도체, 모니터, 컬러 TV
- 2005년 삼성의 소니 추월
- 2010년대 K-Food, Drama, Music, Movie열풍
- 2020년 12월 현재168개국 22,259명 선교사 파송

1962년도 1인당 GNP는 87달러로 아프리카의 가나와 비슷했고, 실업률은 30%였던 한국이 현재는 세계 10위 경제 대국, 수출 6위 무역 강국, 1인당 국민소득도 G7 추월국이 되었습니다.

당신은 역사가 오늘까지 발전해 오는데 있어서 중요한 구성원이셨습니다.

난 직업도 변변치 않고 한 것이 없다고요? 아닙니다. 다윗과 예수님의 혈통에 중요한 역할을 했던 룻이 한 것은 시어머니 나오미 모시기, 이삭줍기와 보아즈와 결혼하여 자녀를 키운 것 밖에 없습니다. 그러나 그것은 귀한 모두 위대한 일들이었습니다. **지난 그 격동의 시대를 앞장서서 혹은 뒤에서 함께하면서 눈물로 기도하며 만들어 왔습니다. 이제 자녀들이 사랑으로 세계를, 믿음으로 미래를 열 수 있도록 당신의 눈물의 기도와 인내와 지혜로 이루신 고난 극복과 비전 실현에 대한 이야기를 직접 들려주어야 합니다.**

질문: 1. 룻의 이야기는 나에게 어떤 용기를 주고 있나요?

2. 그렇게 할 경우 당신과 자녀들이 받을 복은 무엇인가요?

책을 직접 쓰시는 하나님

멘토: 우리가 책을 잘 쓸 수 있는 중요한 근거가 있습니다. 글쓰기의 원조가 되시는 하나님께서 우리를 그 하나님의 형상으로 지으시고 우리 속에 글 쓰기를 할 수 있는 모든 자원을 갖추어 주셨다는 것입니다. 그 근거는 다음과 같습니다.

> 여호와께서 시내산 위에서 모세에게 이르시기를 마치신 때에 증거판 둘을 모세에게 주시니 이는 돌판이요 하나님이 친히 쓰신 것이더라. | 출애굽기 31:18

> 모세가 여호와와 함께 사십일 사십야를 거기 있으면서 떡도 먹지 아니하였고 물도 마시지 아니하였으며 여호와께서는 언약의 말씀 곧 십계를 그 판들에 기록하셨더라. | 출애굽기 34:28

하나님께서 친히 쓰셨고, 여호와께서 언약의 말씀을 기록하셨다고 모세는 고백하고 있습니다. 그렇다면 하나님께서 생명록도 직접 기록하실까요? 답은 "네" 입니다.

> 그들의 죄를 사하시옵소서 그렇지 아니하시오면 주께서 기록하신 책에서 내 이름을 지워 버려 주옵소서. 여호와께서 모세에게 이르시되 누구든지 내게 범죄하면 내가 내 책에서 그를 지워 버리리라. | 출애굽기 32:32-33

기록 문화는 하나님으로부터 시작된 것입니다. 이전 세대가 구축한 것을 다음 세대가 기록으로 받을 때 그 토대 위에 새로운 지식과 지혜가 쌓이며 역사가 발전했습니다. 그러므로 하나님께서 성경을 기록해 주셨습니다.

구약과 신약을 영어로는 Old & New Testament라고 씁니다. Testament는 유언, 언약, 증거라는 뜻을 가지고 있습니다. 유언을 뜻하기도 하지만 유산에 대한 증거가 되는 언약의 유언이라는 뜻이 강합니다. 그래서 구약은 오래전의 언약과 증거이고 신약은 새로운 언약과 증거라는 뜻입니다. 성경은 우리에게 하나님께서 주신 유산에 대한 증거가 되는 언약의 유언입니다.

구약은 영어로 O.T. Old Testament 올드 테스트먼트,
신약은 N.T. New Testament 뉴 테스트먼트입니다.
이제 당신이 P.T. Parent Testament 페어런트 테스트먼트,
부모의 증언과 언약과 유언을 주실 때입니다.

그간 자녀들을 위하여 성경쓰기를 하신 분들도 계십니다. 참으로 귀하고 존경스러운 일입니다. 이제 여러분의 삶의 이야기를 써 주십시오. 그 삶 속에 역사하신 주님의 사랑을 전해준다면 자녀들에게 이 책은 성경 다음으로 소중한 책이 될 것입니다. 이『생명의 서』는 당신의 삶의 실패, 성공, 지혜, 유산의 내용이 모두 담겨 있기에 성경처럼 은혜로우면서 자녀의 삶과 직결된 책이 될 것이기 때문입니다. 자녀들이 이 책을 읽을 때마다 힘을 얻을 것이며 자신들의 부모가 왜 그렇게 열심으로 성경을 소중히 여기고 그 안에서 축복을 받으며 살려고 했는지에 대한 살아 있는 증거들을 얻게 될 것입니다. 그리고 그들도 하나님께서 주신 비전을 실현하며 살 것입니다.

질문: 1. 하나님께서는 왜 기록하시고 책을 만들어 주셨을까요?

2. 자녀들에게 무엇을 기록해 주고 어떤 책을 만들어 주고 싶으십니까?

민감한 이야기 쓰기에 대하여

멘토: 이 책에 자서전적인 이야기를 씀에 있어서 어떤 이야기를 어떻게 써야 할까요?

어떤 내용을 어떻게 써야 하는가에 대하여는 하나님의 방법을 배워야 합니다.
최대한 진실하게, 최대한 간결하게, 최대한 은혜롭게

최대한 진실하게

성경은 다양한 민감한 이야기를 최대한 진실되게 기록하여 전해줍니다. 예를 들어, 아담과 하와의 미혹과 타락, 가인의 살인, 아브라함이 사라를 바로에게 상납한 상황과 하갈을 통해 아들을 낳은 것, 야곱이 4명의 아내를 갖게 된 배경과 가정 불화, 형제에게 팔림을 당한 요셉, 다윗의 간음과 우리아에 대한 야비한 살인, 가룟 유다의 예수님 팔기, 수제자 베드로의 예수님 부인 등입니다. 이와 같이 성경이 사건들을 진실 그대로 기록하는 것은 천국 행위책의 단면을 보여 줍니다.

최대간 간결하게

진실을 쓰되 간결하게 쓰십시오. 성경은 창세기 1장부터 우주 창조와 생명체 창조라는 엄청난 이야기를 손바닥 길이로 딱 1장에 압축하여 기록케 하십니다. 그러나 짧지만 그 속엔 창조에 대하여 알 만한 내용들이 비밀스럽게 들어 있어서 믿음과 지식이 있는 이들은 알아차릴 수 있도록 하셨습니다. 그래서 책에서 주어진 공간에 적절한 길이로 핵심만 요약하여 기록하십시오.

최대한 은혜롭게

진실을 간결하지만 은혜롭게 쓰십시오. 은혜롭게라는 말은 죄는 감추고 선행만 쓰는 것이 아니고 죄악, 실수, 실패를 통하여 여러분의 죄, 악, 부족함, 연약함, 인내, 사랑, 비전을 깨닫게 해주시고 변화시켜 끝내 성장, 성공, 성숙시켜 주신 부분을 쓰라는 것입니다. 성경이 집중적으로 기록하는 부분이고 우리가 집중할 부분입니다. 읽는 이에게 교훈과 은혜가 되도록 써 주십시오.

다 회개하고 용서와 화해한 것도 써야 할까요? 그래도 써야할 이유가 두 가지 있습니다.

첫째, 나의 부족함 속에 역사하신 주님의 은혜에 감사와 영광을 드리기 위함입니다.

둘째, 내가 겪은 것들을 자녀와 멘티 제자들이 겪을 수도 있는 일이기에 그들이 교훈을 얻을 수 있도록 하기 위함입니다. 성경도 그 이유로 쓰인 것과 같이 말입니다. 이『생명의 서』는 여러분이 자녀에게 주는 실패학과 성공학의 언약과 유언인 부모의 언약 P.T. Parent Testament 가 될 것입니다.

질문: 1. 성경은 어떤 원칙을 가지고 쓰여졌고 그것이 말해 주는 것은 무엇인가요?

2. 내가 자녀들에게 어떤 원칙을 가지고 말하고 써서 전해 주어야 한다고 생각하시나요?

어거스틴의 고백론

멘토: 어거스틴(354-430)은 북아프리카 알제리와 이태리에서 죽을 때까지 전쟁 난민들을 돌보다 열병에 걸려 76세에 죽은 신학자이자 성직자였습니다. 그는 기독교 신학에 지대한 공헌을 한 책들을 많이 저술했는데 그 중에 유명한 책이 『고백록』(397-400)입니다.

어거스틴의 『고백록』이 후세에 큰 영향을 끼친 데는 두 가지 이유가 있습니다. 첫째, 자신의 죄에 대하여 매우 세밀한 고백과 철저한 회개를 했다는 것입니다. 둘째, 깊은 헌신에서 나온 믿음의 세계에 관한 묵상들을 나눈 것입니다. 이렇게 한 이유는 자신의 글을 읽는 이들에게 자신의 삶을 통하여 배우고 더 나은 삶으로 성숙하기를 바랐던 진심이 통했던 것입니다.

다음은 『고백록』 내용의 일부입니다.

나는 가정교사나 학교의 선생님들 그리고 심지어는 부모님에게까지 거짓말을 하였으며, 이는 결국 놀기를 좋아하고 세속적 구경거리에 정신을 빼앗겨 열심히 배우들을 흉내 내려는 쓸데없는 허영심에 따른 소치였습니다. 나는 또한 탐심의 노예가 되어 부모님의 장롱이나 책상에서 물건을 훔쳤고 나보다도 더 놀기를 좋아하는 친구들과 함께 어울려 놀면서 훔친 것들을 나누어 주기도 했습니다. 우리는 즐겁게 어울려 놀았지만 결국 그들의 친구가 될 수 있었던 것은 훔친 돈과 물건 때문이었습니다. (1권 19장)

내 육신의 나이 열 여섯 살 때에 나는 어디에 있었습니까? 주의 전에서 기쁨을 누리지 못한 채 미친 세상의 정욕에 이끌리어 방황하고 있었습니다. 주님께서 금하신 규례를 어기며 부끄러운 죄악 속에서 헤매었고 정욕의 광란 속에서 완전히 미쳐버린 시절이었습니다. (2권 4절)

오 지극히 높으신 곳에 계신 하나님이시여! 나를 위해 펼쳐 주신 당신의 손은 이 깊은 흑암으로부터 나를 건져 주셨습니다. 이는 나의 어머니가 무릎 꿇고 눈물로 당신께 기도드린 까닭입니다.

오 주님! 이 책을 기록하면서 주님에게 고백합니다. 어머니는 평생동안 부족한 자식을 위해 우셨는데 나는 이제 겨우 어머니를 위해 한 시간 남짓 울었습니다. (3권 33절[1])

그는 자신의 죄를 고백하고 그가 변한 것이 그의 어머니의 눈물의 기도 덕분임을 강조합니다. 이처럼 우리가 죄를 고백하는 것은 용서받지 않아서가 아니라 그런 나를 구원해 주신 은혜를 드높이고, 우리 자녀와 비전 멘티 제자들에게 그런 경험을 극복할 수 있었던 은혜와 용기, 그리고 지혜를 나누려는 것입니다. 당신이 이제 어거스틴을 변화시킨 어머니 모니카의 역할을 할 때가 되었습니다.

질문: 1. 어거스틴의 고백록이 유명해진 이유 중엔 자신의 부족한 점을 나눈 것에 있다고 동의하시나요?

2. 어거스틴이 혼돈을 딛고 설 수 있었던 이유는 무엇이었다고 생각하십니까?

『생명의 서』에 대한 결단

멘토: 다음은 이 책을 완성하겠다는 당신의 결단에 관한 것입니다. 당신의 진실된 고백을 담아 밑줄에 오늘 날짜와 이름을 쓰심으로 서명하시고 그 축복의 주인공이 되십시오.

1. [현재와 미래]

나는 현재가 내 인생에서 가장 중요한 황금기인 것을 안다. 그간 내가 이 땅을 위한 삶이었다면 지금부터 내가 어떻게 사느냐에 따라서 나의 영원과 내 자녀의 영원을 결정할 것이다. 고통스러운 삶의 허무한 끝이 아니라 고귀한 삶의 완성품으로 주님 앞에 설 수 있도록 치열하고 성실하게 나머지 삶을 살 것이다. ______________________

2. [심판과 준비]

나는 천국에서 생명책과 행위책으로 심판 받을 것을 안다. 그래서 미리 행위책을 써보고 예수님의 평가 시스템으로 인생을 평가도 해보면서 부족한 부분에 대하여 '청지기의 지혜'로 보완할 것이다. 그래서 기필코 이기는 자로서 가정, 교회와 사회에 새로운 부흥을 일으키고 심판 때 드릴 주님 기뻐하시는 정답을 준비할 것이다. ______________________

3. [죽음과 상급]

나는 그간 막연하였음으로 피하고 싶었던 죽음의 진실을 철저히 파악하여 자유케 될 것이다. 영적인 것뿐 아니라 육체적, 의료적, 경제적, 유산 전수, 장례의 내용들을 잘 알고 준비하여 죽음의 불안과 공포감을 없애고 상급을 향한 천국 귀국 준비를 할 것이다.______________________

4. [자녀와 유산]

나는 사랑하는 자녀들이 앞으로 더 험악해질 세상에서 빈손으로 지혜없이, 쌓인 기도 없이 혼자 외롭게 고통받으며 살게 하지 않을 것이다. 그래서 자녀들이 하나님을 믿는 믿음 위에 하나님께서 주신 비전에 따라 하나님께서 주신 자원을 활용하며 시대를 주도해 나갈 수 있도록 할 것이다. 그간 내가 터득하고 쌓아온 모든 지혜와 자원을 전수하여 그들이 그들의 자녀들에게 전수하게 함으로 풍성한 열매를 맺는 믿음의 가문을 만들 것이다. ______________________

질문: 1. 서명을 하시는데 주저함이 있었다면 어떤 이유 때문입니까?

2. 서명 하신 후 지금 심정은 어떠하십니까?

유튜브로 추억과 지혜 전수하기

멘토: 요즈음 유튜브가 인기입니다. 영상을 만들어서 자녀들이나 멘티들에게 남겨 줄 수 있다면 만들기도 좋고, 보는 사람들도 좋을 것입니다. 많은 분들이 유튜브에 자신의 계정을 만들어 영상을 공유하시지만 여러 이유로 아직 엄두도 못내시는 분들도 계십니다. 여러 이유를 살피고 해결책을 살펴보겠습니다.

1. [유튜브를 활용해야할 이유]

자녀들에게 글로 이 책을 써서 주시는 것은 가장 소중한 보물이 될 것입니다. 글은 동영상과 다른 장점을 가지고 있기에 어떤 것으로도 책을 대체하지는 못합니다. 그러나 누구나 가지고 있는 전화기 카메라로 동영상을 만들수 있고 그것을 유튜브에 올리는 것은 어렵지 않기에 자녀들에게 따뜻한 목소리, 해맑은 웃음, 즐거운 노래, 위로와 지혜의 말들, 간절한 기도들을 만들어 올려 주시면 자녀들에게 큰 선물이 될 것입니다. 또한 유튜브 사용은 무료이고, 인기가 있으면 돈까지 받을 수 있습니다. 영상은 짧게 대신 여럿을 만드시면 좋습니다.

2. 공개 시점

처음부터 공개 하실 수 도 있고, 비공개로 유지하고 나중에 주소를 주시면 천국에 가신 후에도 자녀들이 슬픔대신 유튜브에 담겨진 영상을 보면서 감격하며 힘을 얻을 것입니다.

3. 나도 할 수 있을까?

많은 분들이 하고 계십니다. 영상을 잘 찍을 필요도 없고 대단한 조명이 필요하지도 않습니다. 그냥 삶의 이야기와 장면을 담아 올리시면 됩니다. 그런데 요즈음엔 소소한 삶의 이야기를 하시는 분들의 동영상이 인기입니다. [나는 자연인이다]라는 프로그램이 인기인 이유는 모두 자연 속에서 자연스럽게 사는 모습을 그리워하기 때문입니다.

4. 쉽게하는 방법은?

유튜브 계정 만들기부터 동영상 찍고 유튜브에 올리는 과정에 관한 정보는 유튜브에 가셔서 다음과 같은 내용을 치시면 몇 가지 동영상이 나오고 따라 하시면 됩니다.

유튜브 시작하는 법, 완전 초보용 유튜브 시작하는 방법

5. 카톡 활용 방법은?

만약 글씨를 쓰는 것이 힘드시거나 귀찮으시면 컴퓨터로 하시면 좋겠습니다. 혹시 컴퓨터 사용도 어려우시면 전화기에 카톡 기능을 활용하실 수 있습니다. 자신의 카톡을 켜시면 자판 아래, 왼쪽으로 마이크 모습이 보입니다. 이 마이크를 누르시고 말씀을 하시면 카톡이 말씀 하시는 모든 내용을 글자로 써줍니다. 그래서 책의 몇 단원, 몇 페이지인지 말씀하시고, 질문을 말씀하신 후에 답을 편안하게 말씀하시면 카톡이 다 받아 적습니다. 그것을 보내기를 누르시면 쓰지 않아도 다 카톡에 기록 됩니다. 이것을 후에 누군가에 부탁하여 컴퓨터로 옮기시면 책으로 출판하실 수 있는 자료가 됩니다.

질문: 유튜브와 카톡을 활용 하실 용기가 생기셨는지요?

2권

추억의 서

주님, 행복했습니다!

2장 자녀들과 나누고 싶은 추억들

멘토

여기에서는 그간 우리가 살면서 축적한 소중한 추억들을 돌아보고 그 추억들이 자녀들에게 소중한 영적, 감정적 자원이 되어 그들이 풍요로운 삶을 살 수 있도록 할 것입니다.

2장. **자녀들과 나누고 싶은 추억들**

여기에서는 과거의 추억을 되새기고 자녀들과 나누며 그들이 훗날 부모를 회상하며 영적인 삶을 개발하도록 도울 것입니다.

19. 추억의 음식
20. 영적 음식
21. 추억의 노래
22. 추억의 노래 가사
23. 추억의 영화
24. 추억의 책
25. 최고 애송시
26. 최고의 취미
27. 좋아하는 성구
28. 좌우명, 가훈, 핵심 가치
29. 추억의 장소/여행지
30. 가고싶은 장소/여행지
31. 조상에 대하여
32. 배우자에 대하여
33. 자손에 대하여
34. 잘한 결정 3가지와 후회하는 결정 3가지

추억의 음식

멘토: 육신을 가진 인간에게 가장 중요한 것 중 하나는 음식입니다. 그래서 하나님께서는 창세기 1장 29절과 30절에서 인간에게 번성, 충만, 땅 정복, 다스림의 사명을 주신 후 이어서 양식을 주십니다. 사명을 감당하는 자에게는 필요한 자원을 주신다는 비밀이 담겨 있는 구절입니다. 가족에게도 빼 놓을 수 없는 추억이 음식입니다. 과거에 혼자 혹은 가족과 함께 나누었던 음식에 대한 추억을 적어 보십시오. 언젠가 자녀들이 이 음식들을 먹으며 부모를 기억하고 기념할 것입니다. 자녀들에게도 물어보시고 함께 기록하셔도 좋습니다.

음식 이름	좋아하는 이유와 추억거리	시기/장소 등

천국 귀국 전 마지막으로 먹고 싶은 음식

질문: 1. 천국 귀국 전 마지막으로 먹고 싶은 음식은 무엇입니까?

2. 누구든지 초대할 수 있다면 같이 먹고 싶은 사람들은 누구입니까?

멘토: 잠시 음식에 관한 추억에 잠겨 보셨지요? 그런데 아시나요? 음식에 관하여 묵상할 때 빼놓을 수 없는 것은 영적 양식입니다. 영적 양식은 첫째, 아버지의 뜻이고 둘째, 성찬이고, 셋째, 성령의 열매입니다.

첫째는 아버지의 말씀과 뜻입니다.

> 예수께서 대답하여 이르시되 기록되었으되 사람이 떡으로만 살 것이 아니요
> 하나님의 입으로부터 나오는 모든 말씀으로 살 것이라 하였느니라 하시니 | 마태복음 4:4

> 예수께서 이르시되 나의 양식은 나를 보내신 이의 뜻을 행하며
> 그의 일을 온전히 이루는 이것이니라 | 요한복음 4:34

하나님께 속한 사람의 영적 양식은 하나님의 말씀과 하나님께서 주신 비전의 일을 행하는 것에 있습니다. 그럴 때 하나님께서 육적 양식을 공급하신다는 것입니다.

둘째는 성찬입니다.

예수님께서 십자가에 못박혀 죽으시기 전날 자신의 살과 피를 먹고 마심으로 유월절 만찬이 성찬화의 예표가 될 것을 보여주셨습니다. 예수님의 살과 피는 우리에게 선악과와 생명과가 되어 선악을 알되 선을 행하고, 영생을 살게 해줍니다. 우리에게 매우 중요한 영적 음식이 아닐 수 없습니다.

셋째는 성령의 열매입니다.

천지를 창조하신 주님께서 인간들에게 곡식과 과실을 음식으로 주시고, 동물들에게 풀을 음식으로 주셨습니다. 인간들에게 성령을 주신 후에는 성령의 열매를 맺도록 하셨는데, 이는 성령의 열매가 영적 존재들의 양식이며, 우리가 성령의 열매를 맺을 때 우리 또한 생명 나무가 된다는 것으로도 이해할 수 있습니다.

> 하나님의 나라는 먹는 것과 마시는 것이 아니요 오직 성령 안에 있는 의와 평강과 희락이라.
> | 로마서 14:17

> 오직 성령의 열매는 사랑과 희락과 화평과 오래 참음과 자비와 양선과 충성과 온유와 절제니
> 이 같은 것을 금지할 법이 없느니라. | 갈라디아 5:22-23

성찬은 예수님께서 우리에게 주시는 것이고, 성령의 열매는 성령님께서 우리에게 주시는 것이되 우리가 열매를 맺어야 합니다. 우리가 하나님의 말씀과 예수님의 살과 피를 먹고 마시며 하나님의 뜻을 행할 때 성령의 열매가 맺힙니다.

나: 음식은 그저 먹는 육적 음식만 생각했는데 이와 더불어 영적 양식도 소중하게 생각해야 함을 알게 되어 감사합니다.

추억의 노래

멘토: 인생의 희로애락에 노래가 빠질 수 없습니다. 슬퍼서, 기뻐서, 감사해서 부른 노래를 떠올려 보십시오. 그리고 노래와 연관된 추억과 좋아하는 이유도 적어 보십시오. 이 노래와 찬양의 추억이 자녀들에게 전달되어 그들도 주님을 찬양하게 될 것입니다.

노래(찬양) 제목	좋아하는 이유와 추억거리

천국 귀국 전 마지막으로 부르고 싶은 노래

질문: 1. 천국 귀국 전 마지막으로 부르고 싶은 노래는 무엇입니까?

2. 누구에게 든지 들려 줄 수 있다면 누구에게 불러 주고 싶습니까?

추억의 노래 가사

멘토: 아래에 자주 부르며 힘을 얻었던 최고 애창곡 두 곡의 가사를 적으십시오.
자녀들에게 유산으로 남을 것입니다.

노래(찬양) 제목	노래(찬양) 제목
가사	가사

질문: 1. 두 노래에에 얽힌 추억이 있으신가요?

2. 이 노래들을 통하여 자녀들이 무엇을 공감하시길 원하십니까?

추억의 영화

멘토: 당신이 잊을 수 없는 영화를 자녀들에게 추천해 주십시오. 영화는 매우 중요한 비전과 삶의 가치 그리고 진리를 깨닫고 전달하는 방법 중 하나가 될 수 있습니다. 많은 영화 중 특별히 기억에 남는 영화를 고른 이유도 적어 보십시오. 자녀들도 힘들고 부모님이 그리울 때 이 영화를 보며 힘을 얻을 것입니다.

영화 제목	좋아하는 이유와 추억거리

천국 귀국 출발 전 보고 싶은 영화

질문: 1. 천국 귀국 전 마지막으로 보고 싶은 영화는 무엇입니까?

2. 누구든지 초대할 수 있다면 같이 보고 싶은 사람들은 누구입니까?

추억의 책

멘토: 성경, 소설, 시 등 좋아한 책을 자녀들에게 추천해 주십시오. 자녀들이 힘들고 부모님이 그리울 때 이 책들을 보며 힘을 얻을 것입니다. 예를 들어서, 성경을 추천한다면 성경 중에서도 어떤 이야기를 추천할지 적어 보십시오.

책 제목	좋아하는 이유와 추억거리

천국 귀국 출발 전 다시 읽고 싶은 책

질문: 1. 천국 귀국 전 마지막으로 읽고 싶은 책은 무엇입니까?

2. 이 책의 이야기를 누구에게 왜 들려주고 싶습니까?

25

최고 애송시

멘토: 아래에 읊조리며 힘을 얻은 시/시편을 자녀들에게 추천해 주십시오.

애송시 제목	애송시 제목
내용	내용

질문: 1. 두 시에 얽힌 추억이 있으신가요?

2. 이 시들을 통하여 자녀들이 무엇을 공감하시길 원하십니까?

최고의 취미

26

멘토: 아래에 어린 시절부터 지금까지 즐기고 있는 취미에 관하여 기록해 보십시오. 자녀들과 함께한 기억이라면 더욱 빼 놓을 수 없겠죠. 이 취미의 추억은 자녀들을 통해 취미가 이어질 수 있고 주님께 감사하고 찬양하는 통로가 될 것입니다.

취미	좋아하는 이유와 추억거리

천국 귀국 출발 전 마지막으로 하고 싶은 것

질문: 1. 천국 귀국 전 마지막으로 꼭 하고 싶은 놀이나 일은 무엇입니까?

2. 누구와 그것을 함께 하고 싶으십니까?

좋아하는 성구

멘토: 자주 암송하거나 좋아하는 성경 구절은 무엇입니까? 자녀들에게 꼭 전해 주고 싶은 구절, 내가 노년에 힘을 얻을 구절, 투병 중, 죽기 전에 암송하고 싶은 구절들을 선정하여 보십시오. 자녀들도 부모님을 추억하며 이 구절들을 통하여 힘을 얻을 것입니다.

번호	좋아하는 성경 구절	좋아하는 이유
1		
2		
3		
4		
5		
6		
7		
8		

천국 귀국 전 임종 상황에서 꼭 붙잡고 암송하고 싶은 성경 구절

질문: 1. 천국 귀국 전 임종 상황에서 꼭 붙잡고 암송하게 싶은 성경 구절은 무엇입니까?

2. 임종시 어떤 마지막 말씀을 하고 싶으십니까?

좌우명/ 가훈/핵심 가치

28

멘토: 삶에 지표가 되었던 좌우명, 가훈, 핵심 가치들에 대하여 나누어 주십시오. 이러한 말씀들은 자녀들에게 전달될 것입니다.

번호	좌우명 / 가훈 / 핵심 가치	좋아하는 이유
1		
2		
3		
4		
5		
6		
7		
8		

격언, 좌우명, 가훈 그리고 성경 말씀은 북극성과 같이 우리의 사고의 방향을 인도합니다. 무의식적으로 가슴 깊이 그리고 뇌리에 깊게 새겨져 결정적인 순간에 빛을 발할 것입니다. 마음에 새긴 격언, 좌우명, 가훈 그리고 성경 말씀은 역사를 일으킵니다.

질문: 1. 자녀들에게 꼭 나누고 싶은 격언, 좌우명, 가치는 무엇입니까?

2. 왜 그것들을 꼭 나누고 싶으신가요?

추억의 장소/여행지

멘토: 가장 인상 깊었고 기억에 남는 여행지는 어디였습니까? 혼자 갔던, 친구와 같던, 가족과 같던 곳으로 그곳은 왜 기억에 남는지요?

번호	좋아하는 여행지	기억나는 추억들
1		
2		
3		
4		
5		
6		
7		
8		

질문: 1. 가장 인상 깊었던 여행지는 어디였습니까?

2. 그 여행지의 추억은 어떤 것입니까?

가고 싶은 장소/ 여행지

30

멘토: 앞으로 가고 싶은 곳, 여행지와 이유를 적어 보십시오.

번호	가고싶은 곳/ 여행지	이유
1		
2		
3		
4		
5		
6		
7		
8		

질문: 1. 천국에 가시기전 꼭 가시고 싶은 곳은 어디입니까?

2. 그곳에 누구와 가고, 누구를 만나서 무엇을 하고 싶으십니까?

조상에 대하여

멘토: 아래에 가문의 시조와 전통, 조부모, 부모에 대한 이야기를 적고 나누어 보십시오.

질문: 1. 조상들에 대하여 자녀들이 꼭 알았으면 하는 것은 무엇입니까?

배우자에 대하여

멘토: 아래에 배우자에 대한 추억을 기록해 보십시오. 어디서 어떻게 만났고, 어떤 감사와 아쉬움이 있는지요? 배우자를 선택할 때 어떤 점을 유의하는 것이 좋을지 자녀들에게 조언해 주십시오.

질문: 1. 배우자에 대하여 가장 감동적인 것을 자녀들에게 전해 주고 싶은 것은 무엇입니까?

2. 배우자와의 관계에 대하여 자녀들에게 전해 주고 싶은 교훈은 무엇입니까?

자손에 대하여

멘토: 아래에 자녀와 손주들에 대한 좋은 추억을 짧게 적어 주십시오. 특별히 자녀별로 기도해 주었던 주요 내용들도 기록해 보십시오.

질문: 1. 자녀들에게 꼭 전하고 싶은 감사는 무엇입니까?

2. 자녀들이 그들의 자녀 교육에 대하여 해주고 싶은 말은 무엇입니까?

잘한 일 3가지와 힘들었던 일 3가지

멘토: 아래에 인생을 살면서 가장 잘한 일 3가지와 힘들었던 일 3가지를 쓰고 그 이유를 적어 보십시오. 자녀들에게도 큰 도움이 될 것입니다.

번호	잘한 일	힘들었던 일
1		
2		
3		

질문: 자녀들에게 어떤 교훈을 주고 싶으신가요?

수고하셔었습니다.
이제 다음에는 [회복의 서]를 통하여 인생 회복법을 살피고
[인생의 서]를 통하여 지난 인생을 평가해 보게 될 것입니다.
이것을 통하여 인생을 평가하고 회복할 수 있는 방법을 찾아보게 될 것입니다.

생명의 서 시리즈 각권 구성

1권 (본서)

예상하지 못한 초대

추천사

프롤로그 PROLOGUE

1편 | [생명의 서] 오리엔테이션 ORIENTATION

1장 예상치 못한 여행의 시작

2편 | 추억의 서 BOOK OF MEMORIES

2장 자녀들과 나누고 싶은 추억들

2권

3편 | 회복의 서 BOOK OF RESTORATION

3장 온전한 회개

4장 온전한 용서

5장 회복된 사람들의 이야기

4편 | 나의 인생의 서 BOOK OF MY LIFE

6장 인생 평가를 위한 기초

7장 에릭슨의 인생 주기 평가

8장 예수님의 교회 평가 시스템

9장 예수님의 인생 평가 시스템

3권

5편 | 죽음의 서 BOOK OF DEATH

10장 안타까운 죽음들

11장 두려운 죽음의 실체

12장 하나님 관점에서 본 죽음의 실체

13장 죽음의 과정

14장 위대한 죽음을 맞이한 사람들

15장 장례 매뉴얼

16장 유언과 묘비명_마지막 말의 의미

17장 나의 유언과 묘비명 계획

4권

6편 | 지혜의 서 BOOK OF WISDOM

18장 지혜로 나누는 성경적 유산

19장 가정과 직업 유산

20장 물질 유산

21장 영성과 성품 유산

22장 건강 유산

23장 교회/사회/환경 유산

5권

7편 | 비전 경영의 서 BOOK OF VISION MANAGEMENT

24장 비전과 실현 원리

25장 가정의 비전 실현 계획

26장 직장의 비전 실현 계획

27장 물질의 비전 실현 계획

28장 영성과 성품의 비전 실현 계획

29장 건강에 관한 비전 실현 계획

30장 교회, 사회, 환경에 관한 비전 실현 계획

31장 인생 성공의 비밀

6권

8편 | 언약의 서 BOOK OF COVENANT

구약편

7권

9편 | 언약의 서 BOOK OF COVENANT

신약편

에필로그 EPILOGUE

미주

샬롬 김의 다른 저서들

후안카를로스 오르티즈 박사 추천
예수님 수의와 수건의 비밀
크로스 시크릿

이어령, 오르티즈 박사 추천
십자가 7언의 심오한 이해
크로스 코드

출애굽기 각장을 성경적이고 현대적으로 해석한 시편형식의
큐티 출애굽기

비전에 대한 세상적 오해를
풀고, 성경적 이해를 돕는
비전의 서: 비전 있어?

통치경영자 하나님께서 창세기 1
장 창조와 구원을 경영하신 원리
GOD THE CEO 최고경영의신

[GOD THE CEO, 최고경영의 신]
V.M.O.S.T. A.R.T.©에 근거한 비전
경영, **비전 라이프 스케줄러**

i.A.D.D.R.E.S.S. M.A.P.S.©원리로 하
나님께서 분깃으로 주신 비전 찾기
나의 비전의 서_워크북

시니어들이 영원을 준비하며 지혜
를 전수하며 인생을 완성하는 특별
자서전 쓰기, **생명의 서**

[개정판] 생명의 서를 소분하여
재 편집, 출판한 책 중 제 1권
생명의 서_예상치 못한 초대

비전 멘토링 인터내셔널
VisionMentoring.org

비전 멘토링 사역 샘플 교회
비전 라이프 교회 | VisionLife.Church

생명의서 지혜를 전수하며 영원을 준비하는 **특별 자서전 쓰기**
제1권_예상치 못한 초대

초판1쇄 발행 | 2024
시리즈 개정판 발행 | 2024

지 은 이 | 샬롬 김
펴 낸 이 | 샬롬 김
디 자 인 | 주은미 오진수
펴 낸 곳 | 비전 멘토링 코리아
주 소 | 대전광역시 유성구 계룡로 60번길 86, 101호
전 화 | 010-7926-3425 (한국) | 213-926-3425 (미국)
출판등록 | 2019-000018 (2019. 6.24)

공 급 처 | 솔라피데 출판유통
전 화 | 031-992-8691
팩 스 | 031-955-4433
정 가 | 7,000 원

ISBN | 979-11-967443-6-6
Printed in Korea